全国人民代表大会常务委员会公报版

中华人民共和国
疫苗管理法

中国民主法制出版社

图书在版编目（CIP）数据

中华人民共和国疫苗管理法 / 全国人大常委会办公厅供稿 . —北京：中国民主法制出版社，2019. 6

ISBN 978-7-5162-2032-0

Ⅰ. ①中… Ⅱ. ①全… Ⅲ. ①疫苗—药品管理法—中国 Ⅳ. ①D922. 16

中国版本图书馆 CIP 数据核字（2019）第 126397 号

书名/中华人民共和国疫苗管理法
ZHONGHUARENMINGONGHEGUOYIMIAOGUANLIFA

出版 · 发行/中国民主法制出版社
地址/北京市丰台区玉林里 7 号（100069）
电话/63055259（总编室）63057714（发行部）
传真/63056975 63056983
http://www. npcpub. com
E-mail:mzfz@ npcpub. com
经销/新华书店
开本/32 开 850 毫米 ×1168 毫米
印张/2. 125 **字数**/35 千字
版本/2019 年 6 月第 1 版 2023 年10月第 7 次印刷
印刷/河北文盛印刷有限公司

书号/ISBN 978-7-5162-2032-0
定价/8. 00 元

目　　录

中华人民共和国主席令

第三十号

《中华人民共和国疫苗管理法》已由中华人民共和国第十三届全国人民代表大会常务委员会第十一次会议于 2019 年 6 月 29 日通过，现予公布，自 2019 年 12 月 1 日起施行。

中华人民共和国主席　习近平

2019 年 6 月 29 日

中华人民共和国疫苗管理法

（2019 年 6 月 29 日第十三届全国人民
代表大会常务委员会第十一次会议通过）

目　　录

第一章　总　　则

第一条　为了加强疫苗管理，保证疫苗质量和供应，规范预防接种，促进疫苗行业发展，保障公众健康，维护公共卫生安全，制定本法。

第二条　在中华人民共和国境内从事疫苗研制、生产、流通和预防接种及其监督管理活动，适用本法。本法未作规定的，适用《中华人民共和国药品管理法》、《中华人民共和国传染病防治法》等法律、行政法规的规定。

本法所称疫苗，是指为预防、控制疾病的发生、流行，用于人体免疫接种的预防性生物制品，包括免疫规划疫苗和非免疫规划疫苗。

第三条　国家对疫苗实行最严格的管理制度，坚持安全第一、风险管理、全程管控、科学监管、社会共治。

第四条　国家坚持疫苗产品的战略性和公益性。

国家支持疫苗基础研究和应用研究，促进疫苗研制和创新，将预防、控制重大疾病的疫苗研制、生产和储备纳入国家战略。

国家制定疫苗行业发展规划和产业政策，支持疫苗产业发展和结构优化，鼓励疫苗生产规模化、集约化，不断提升疫苗生产工艺和质量水平。

第五条　疫苗上市许可持有人应当加强疫苗全生命

周期质量管理，对疫苗的安全性、有效性和质量可控性负责。

从事疫苗研制、生产、流通和预防接种活动的单位和个人，应当遵守法律、法规、规章、标准和规范，保证全过程信息真实、准确、完整和可追溯，依法承担责任，接受社会监督。

第六条 国家实行免疫规划制度。

居住在中国境内的居民，依法享有接种免疫规划疫苗的权利，履行接种免疫规划疫苗的义务。政府免费向居民提供免疫规划疫苗。

县级以上人民政府及其有关部门应当保障适龄儿童接种免疫规划疫苗。监护人应当依法保证适龄儿童按时接种免疫规划疫苗。

第七条 县级以上人民政府应当将疫苗安全工作和预防接种工作纳入本级国民经济和社会发展规划，加强疫苗监督管理能力建设，建立健全疫苗监督管理工作机制。

县级以上地方人民政府对本行政区域疫苗监督管理工作负责，统一领导、组织、协调本行政区域疫苗监督管理工作。

第八条 国务院药品监督管理部门负责全国疫苗监督管理工作。国务院卫生健康主管部门负责全国预防接种监督管理工作。国务院其他有关部门在各自职责范围内负责与疫苗有关的监督管理工作。

省、自治区、直辖市人民政府药品监督管理部门负责本行政区域疫苗监督管理工作。设区的市级、县级人民政府承担药品监督管理职责的部门（以下称药品监督管理部门）负责本行政区域疫苗监督管理工作。县级以上地方人民政府卫生健康主管部门负责本行政区域预防接种监督管理工作。县级以上地方人民政府其他有关部门在各自职责范围内负责与疫苗有关的监督管理工作。

第九条　国务院和省、自治区、直辖市人民政府建立部门协调机制，统筹协调疫苗监督管理有关工作，定期分析疫苗安全形势，加强疫苗监督管理，保障疫苗供应。

第十条　国家实行疫苗全程电子追溯制度。

国务院药品监督管理部门会同国务院卫生健康主管部门制定统一的疫苗追溯标准和规范，建立全国疫苗电子追溯协同平台，整合疫苗生产、流通和预防接种全过程追溯信息，实现疫苗可追溯。

疫苗上市许可持有人应当建立疫苗电子追溯系统，与全国疫苗电子追溯协同平台相衔接，实现生产、流通和预防接种全过程最小包装单位疫苗可追溯、可核查。

疾病预防控制机构、接种单位应当依法如实记录疫苗流通、预防接种等情况，并按照规定向全国疫苗电子追溯协同平台提供追溯信息。

第十一条　疫苗研制、生产、检验等过程中应当建立健全生物安全管理制度，严格控制生物安全风险，加强菌毒株等病原微生物的生物安全管理，保护操作人员和公众的健康，保证菌毒株等病原微生物用途合法、正当。

疫苗研制、生产、检验等使用的菌毒株和细胞株，应当明确历史、生物学特征、代次，建立详细档案，保证来源合法、清晰、可追溯；来源不明的，不得使用。

第十二条　各级人民政府及其有关部门、疾病预防控制机构、接种单位、疫苗上市许可持有人和疫苗行业协会等应当通过全国儿童预防接种日等活动定期开展疫苗安全法律、法规以及预防接种知识等的宣传教育、普及工作。

新闻媒体应当开展疫苗安全法律、法规以及预防接种知识等的公益宣传，并对疫苗违法行为进行舆论监督。有关疫苗的宣传报道应当全面、科学、客观、公正。

第十三条　疫苗行业协会应当加强行业自律，建立健全行业规范，推动行业诚信体系建设，引导和督促会员依法开展生产经营等活动。

第二章　疫苗研制和注册

第十四条　国家根据疾病流行情况、人群免疫状况等因素，制定相关研制规划，安排必要资金，支持多联多价等新型疫苗的研制。

国家组织疫苗上市许可持有人、科研单位、医疗卫生机构联合攻关，研制疾病预防、控制急需的疫苗。

第十五条　国家鼓励疫苗上市许可持有人加大研制和创新资金投入，优化生产工艺，提升质量控制水平，推动疫苗技术进步。

第十六条　开展疫苗临床试验，应当经国务院药品监督管理部门依法批准。

疫苗临床试验应当由符合国务院药品监督管理部门和国务院卫生健康主管部门规定条件的三级医疗机构或者省级以上疾病预防控制机构实施或者组织实施。

国家鼓励符合条件的医疗机构、疾病预防控制机构等依法开展疫苗临床试验。

第十七条　疫苗临床试验申办者应当制定临床试验方案，建立临床试验安全监测与评价制度，审慎选择受试者，合理设置受试者群体和年龄组，并根据风险程度采取有效措施，保护受试者合法权益。

第十八条　开展疫苗临床试验，应当取得受试者的书面知情同意；受试者为无民事行为能力人的，应当取得其监护人的书面知情同意；受试者为限制民事行为能力人的，应当取得本人及其监护人的书面知情同意。

第十九条　在中国境内上市的疫苗应当经国务院药品监督管理部门批准，取得药品注册证书；申请疫苗注册，应当提供真实、充分、可靠的数据、资料和样品。

对疾病预防、控制急需的疫苗和创新疫苗，国务院药品监督管理部门应当予以优先审评审批。

第二十条　应对重大突发公共卫生事件急需的疫苗或者国务院卫生健康主管部门认定急需的其他疫苗，经评估获益大于风险的，国务院药品监督管理部门可以附条件批准疫苗注册申请。

出现特别重大突发公共卫生事件或者其他严重威胁公众健康的紧急事件，国务院卫生健康主管部门根据传染病预防、控制需要提出紧急使用疫苗的建议，经国务院药品监督管理部门组织论证同意后可以在一定范围和期限内紧急使用。

第二十一条　国务院药品监督管理部门在批准疫苗注册申请时，对疫苗的生产工艺、质量控制标准和说明书、标签予以核准。

国务院药品监督管理部门应当在其网站上及时公布疫苗说明书、标签内容。

第三章　疫苗生产和批签发

第二十二条　国家对疫苗生产实行严格准入制度。

从事疫苗生产活动，应当经省级以上人民政府药品监督管理部门批准，取得药品生产许可证。

从事疫苗生产活动，除符合《中华人民共和国药品管理法》规定的从事药品生产活动的条件外，还应当具备下列条件：

（一）具备适度规模和足够的产能储备；

（二）具有保证生物安全的制度和设施、设备；

（三）符合疾病预防、控制需要。

疫苗上市许可持有人应当具备疫苗生产能力；超出疫苗生产能力确需委托生产的，应当经国务院药品监督管理部门批准。接受委托生产的，应当遵守本法规定和国家有关规定，保证疫苗质量。

第二十三条　疫苗上市许可持有人的法定代表人、主要负责人应当具有良好的信用记录，生产管理负责人、质量管理负责人、质量受权人等关键岗位人员应当具有相关专业背景和从业经历。

疫苗上市许可持有人应当加强对前款规定人员的培训和考核，及时将其任职和变更情况向省、自治区、直辖市人民政府药品监督管理部门报告。

第二十四条　疫苗应当按照经核准的生产工艺和质量控制标准进行生产和检验，生产全过程应当符合药品生产质量管理规范的要求。

疫苗上市许可持有人应当按照规定对疫苗生产全过程和疫苗质量进行审核、检验。

第二十五条　疫苗上市许可持有人应当建立完整的生产质量管理体系，持续加强偏差管理，采用信息化手段如实记录生产、检验过程中形成的所有数据，确保生产全过程持续符合法定要求。

第二十六条　国家实行疫苗批签发制度。

每批疫苗销售前或者进口时，应当经国务院药品监督管理部门指定的批签发机构按照相关技术要求进行审核、检验。符合要求的，发给批签发证明；不符合要求的，发给不予批签发通知书。

不予批签发的疫苗不得销售，并应当由省、自治区、直辖市人民政府药品监督管理部门监督销毁；不予批签发的进口疫苗应当由口岸所在地药品监督管理部门监督销毁或者依法进行其他处理。

国务院药品监督管理部门、批签发机构应当及时公布上市疫苗批签发结果，供公众查询。

第二十七条　申请疫苗批签发应当按照规定向批签发机构提供批生产及检验记录摘要等资料和同批号产品等样品。进口疫苗还应当提供原产地证明、批签发证明；在原产地免予批签发的，应当提供免予批签发证明。

第二十八条　预防、控制传染病疫情或者应对突发事件急需的疫苗，经国务院药品监督管理部门批准，免予批签发。

第二十九条　疫苗批签发应当逐批进行资料审核和抽样检验。疫苗批签发检验项目和检验频次应当根据疫苗质量风险评估情况进行动态调整。

对疫苗批签发申请资料或者样品的真实性有疑问，或者存在其他需要进一步核实的情况的，批签发机构应当予以核实，必要时应当采用现场抽样检验等方式组织开展现场核实。

第三十条　批签发机构在批签发过程中发现疫苗存在重大质量风险的，应当及时向国务院药品监督管理部门和省、自治区、直辖市人民政府药品监督管理部门报告。

接到报告的部门应当立即对疫苗上市许可持有人进行现场检查，根据检查结果通知批签发机构对疫苗上市许可持有人的相关产品或者所有产品不予批签发或者暂停批签发，并责令疫苗上市许可持有人整改。疫苗上市许可持有人应当立即整改，并及时将整改情况向责令其整改的部门报告。

第三十一条　对生产工艺偏差、质量差异、生产过程中的故障和事故以及采取的措施，疫苗上市许可持有人应当如实记录，并在相应批产品申请批签发的文件中载明；可能影响疫苗质量的，疫苗上市许可持有人应当立即采取措施，并向省、自治区、直辖市人民政府药品监督管理部门报告。

第四章　疫苗流通

第三十二条　国家免疫规划疫苗由国务院卫生健康主管部门会同国务院财政部门等组织集中招标或者统一谈判，形成并公布中标价格或者成交价格，各省、自治区、直辖市实行统一采购。

国家免疫规划疫苗以外的其他免疫规划疫苗、非免疫规划疫苗由各省、自治区、直辖市通过省级公共资源交易平台组织采购。

第三十三条　疫苗的价格由疫苗上市许可持有人依法自主合理制定。疫苗的价格水平、差价率、利润率应当保持在合理幅度。

第三十四条　省级疾病预防控制机构应当根据国家免疫规划和本行政区域疾病预防、控制需要，制定本行政区域免疫规划疫苗使用计划，并按照国家有关规定向组织采购疫苗的部门报告，同时报省、自治区、直辖市人民政府卫生健康主管部门备案。

第三十五条　疫苗上市许可持有人应当按照采购合同约定，向疾病预防控制机构供应疫苗。

疾病预防控制机构应当按照规定向接种单位供应疫苗。

疾病预防控制机构以外的单位和个人不得向接种单位供应疫苗，接种单位不得接收该疫苗。

第三十六条　疫苗上市许可持有人应当按照采购合同约定，向疾病预防控制机构或者疾病预防控制机构指定的接种单位配送疫苗。

疫苗上市许可持有人、疾病预防控制机构自行配送疫苗应当具备疫苗冷链储存、运输条件，也可以委托符合条件的疫苗配送单位配送疫苗。

疾病预防控制机构配送非免疫规划疫苗可以收取储存、运输费用，具体办法由国务院财政部门会同国务院价格主管部门制定，收费标准由省、自治区、直辖市人民政府价格主管部门会同财政部门制定。

第三十七条 疾病预防控制机构、接种单位、疫苗上市许可持有人、疫苗配送单位应当遵守疫苗储存、运输管理规范，保证疫苗质量。

疫苗在储存、运输全过程中应当处于规定的温度环境，冷链储存、运输应当符合要求，并定时监测、记录温度。

疫苗储存、运输管理规范由国务院药品监督管理部门、国务院卫生健康主管部门共同制定。

第三十八条 疫苗上市许可持有人在销售疫苗时，应当提供加盖其印章的批签发证明复印件或者电子文件；销售进口疫苗的，还应当提供加盖其印章的进口药品通关单复印件或者电子文件。

疾病预防控制机构、接种单位在接收或者购进疫苗时，应当索取前款规定的证明文件，并保存至疫苗有效期满后不少于五年备查。

第三十九条 疫苗上市许可持有人应当按照规定，建立真实、准确、完整的销售记录，并保存至疫苗有效期满后不少于五年备查。

疾病预防控制机构、接种单位、疫苗配送单位应当按照规定，建立真实、准确、完整的接收、购进、储存、配送、供应记录，并保存至疫苗有效期满后不少于五年备查。

疾病预防控制机构、接种单位接收或者购进疫苗时，应当索取本次运输、储存全过程温度监测记录，并保存至疫苗有效期满后不少于五年备查；对不能提供本次运输、储存全过程温度监测记录或者温度控制不符合要求的，不得接收或者购进，并应当立即向县级以上地方人民政府药品监督管理部门、卫生健康主管部门报告。

第四十条 疾病预防控制机构、接种单位应当建立疫苗定期检查制度，对存在包装无法识别、储存温度不符合要求、超过有效期等问题的疫苗，采取隔离存放、设置警示标志等措施，并按照国务院药品监督管理部门、卫生健康主管部门、生态环境主管部门的规定处置。疾病预防控制机构、接种单位应当如实记录处置情况，处置记录应当保存至疫苗有效期满后不少于五年备查。

第五章 预防接种

第四十一条 国务院卫生健康主管部门制定国家免疫规划；国家免疫规划疫苗种类由国务院卫生健康主管部门会同国务院财政部门拟订，报国务院批准后公布。

国务院卫生健康主管部门建立国家免疫规划专家咨

询委员会，并会同国务院财政部门建立国家免疫规划疫苗种类动态调整机制。

省、自治区、直辖市人民政府在执行国家免疫规划时，可以根据本行政区域疾病预防、控制需要，增加免疫规划疫苗种类，报国务院卫生健康主管部门备案并公布。

第四十二条 国务院卫生健康主管部门应当制定、公布预防接种工作规范，强化预防接种规范化管理。

国务院卫生健康主管部门应当制定、公布国家免疫规划疫苗的免疫程序和非免疫规划疫苗的使用指导原则。

省、自治区、直辖市人民政府卫生健康主管部门应当结合本行政区域实际情况制定接种方案，并报国务院卫生健康主管部门备案。

第四十三条 各级疾病预防控制机构应当按照各自职责，开展与预防接种相关的宣传、培训、技术指导、监测、评价、流行病学调查、应急处置等工作。

第四十四条 接种单位应当具备下列条件：

（一）取得医疗机构执业许可证；

（二）具有经过县级人民政府卫生健康主管部门组织的预防接种专业培训并考核合格的医师、护士或者乡村医生；

（三）具有符合疫苗储存、运输管理规范的冷藏设施、设备和冷藏保管制度。

县级以上地方人民政府卫生健康主管部门指定符合条件的医疗机构承担责任区域内免疫规划疫苗接种工作。符合条件的医疗机构可以承担非免疫规划疫苗接种工作，并应当报颁发其医疗机构执业许可证的卫生健康主管部门备案。

接种单位应当加强内部管理，开展预防接种工作应当遵守预防接种工作规范、免疫程序、疫苗使用指导原则和接种方案。

各级疾病预防控制机构应当加强对接种单位预防接种工作的技术指导和疫苗使用的管理。

第四十五条 医疗卫生人员实施接种，应当告知受种者或者其监护人所接种疫苗的品种、作用、禁忌、不良反应以及现场留观等注意事项，询问受种者的健康状况以及是否有接种禁忌等情况，并如实记录告知和询问情况。受种者或者其监护人应当如实提供受种者的健康状况和接种禁忌等情况。有接种禁忌不能接种的，医疗卫生人员应当向受种者或者其监护人提出医学建议，并如实记录提出医学建议情况。

医疗卫生人员在实施接种前，应当按照预防接种工作规范的要求，检查受种者健康状况、核查接种禁忌，查对预防接种证，检查疫苗、注射器的外观、批号、有效期，核对受种者的姓名、年龄和疫苗的品名、规格、剂量、接种部位、接种途径，做到受种者、预防接种证和疫苗信息相一致，确认无误后方可实施接种。

医疗卫生人员应当对符合接种条件的受种者实施接种。受种者在现场留观期间出现不良反应的，医疗卫生人员应当按照预防接种工作规范的要求，及时采取救治等措施。

第四十六条 医疗卫生人员应当按照国务院卫生健康主管部门的规定，真实、准确、完整记录疫苗的品种、上市许可持有人、最小包装单位的识别信息、有效期、接种时间、实施接种的医疗卫生人员、受种者等接种信息，确保接种信息可追溯、可查询。接种记录应当保存至疫苗有效期满后不少于五年备查。

第四十七条 国家对儿童实行预防接种证制度。在儿童出生后一个月内，其监护人应当到儿童居住地承担预防接种工作的接种单位或者出生医院为其办理预防接种证。接种单位或者出生医院不得拒绝办理。监护人应当妥善保管预防接种证。

预防接种实行居住地管理，儿童离开原居住地期间，由现居住地承担预防接种工作的接种单位负责对其实施接种。

预防接种证的格式由国务院卫生健康主管部门规定。

第四十八条 儿童入托、入学时，托幼机构、学校应当查验预防接种证，发现未按照规定接种免疫规划疫苗的，应当向儿童居住地或者托幼机构、学校所在地承担预防接种工作的接种单位报告，并配合接种单位督促其监护人按照规定补种。疾病预防控制机构应当为托幼机构、学校查验预防接种证等提供技术指导。

儿童入托、入学预防接种证查验办法由国务院卫生健康主管部门会同国务院教育行政部门制定。

第四十九条 接种单位接种免疫规划疫苗不得收取任何费用。

接种单位接种非免疫规划疫苗，除收取疫苗费用外，还可以收取接种服务费。接种服务费的收费标准由省、自治区、直辖市人民政府价格主管部门会同财政部门制定。

第五十条 县级以上地方人民政府卫生健康主管部门根据传染病监测和预警信息，为预防、控制传染病暴发、流行，报经本级人民政府决定，并报省级以上人民政府卫生健康主管部门备案，可以在本行政区域进行群体性预防接种。

需要在全国范围或者跨省、自治区、直辖市范围内进行群体性预防接种的，应当由国务院卫生健康主管部门决定。

作出群体性预防接种决定的县级以上地方人民政府或者国务院卫生健康主管部门应当组织有关部门做好人员培训、宣传教育、物资调用等工作。

任何单位和个人不得擅自进行群体性预防接种。

第五十一条 传染病暴发、流行时，县级以上地方人民政府或者其卫生健康主管部门需要采取应急接种措施的，依照法律、行政法规的规定执行。

第六章　异常反应监测和处理

第五十二条　预防接种异常反应，是指合格的疫苗在实施规范接种过程中或者实施规范接种后造成受种者机体组织器官、功能损害，相关各方均无过错的药品不良反应。

下列情形不属于预防接种异常反应：

（一）因疫苗本身特性引起的接种后一般反应；

（二）因疫苗质量问题给受种者造成的损害；

（三）因接种单位违反预防接种工作规范、免疫程序、疫苗使用指导原则、接种方案给受种者造成的损害；

（四）受种者在接种时正处于某种疾病的潜伏期或者前驱期，接种后偶合发病；

（五）受种者有疫苗说明书规定的接种禁忌，在接种前受种者或者其监护人未如实提供受种者的健康状况和接种禁忌等情况，接种后受种者原有疾病急性复发或者病情加重；

（六）因心理因素发生的个体或者群体的心因性反应。

第五十三条　国家加强预防接种异常反应监测。预防接种异常反应监测方案由国务院卫生健康主管部门会同国务院药品监督管理部门制定。

第五十四条　接种单位、医疗机构等发现疑似预防接种异常反应的，应当按照规定向疾病预防控制机构报告。

疫苗上市许可持有人应当设立专门机构，配备专职人员，主动收集、跟踪分析疑似预防接种异常反应，及时采取风险控制措施，将疑似预防接种异常反应向疾病预防控制机构报告，将质量分析报告提交省、自治区、直辖市人民政府药品监督管理部门。

第五十五条　对疑似预防接种异常反应，疾病预防控制机构应当按照规定及时报告，组织调查、诊断，并将调查、诊断结论告知受种者或者其监护人。对调查、诊断结论有争议的，可以根据国务院卫生健康主管部门制定的鉴定办法申请鉴定。

因预防接种导致受种者死亡、严重残疾，或者群体性疑似预防接种异常反应等对社会有重大影响的疑似预防接种异常反应，由设区的市级以上人民政府卫生健康主管部门、药品监督管理部门按照各自职责组织调查、处理。

第五十六条　国家实行预防接种异常反应补偿制度。实施接种过程中或者实施接种后出现受种者死亡、严重残疾、器官组织损伤等损害，属于预防接种异常反应或者不能排除的，应当给予补偿。补偿范围实行目录管理，并根据实际情况进行动态调整。

接种免疫规划疫苗所需的补偿费用，由省、自治区、直辖市人民政府财政部门在预防接种经费中安排；接种非免疫规划疫苗所需的补偿费用，由相关疫苗上市许可持有人承担。国家鼓励通过商业保险等多种形式对预防接种异常反应受种者予以补偿。

预防接种异常反应补偿应当及时、便民、合理。预防接种异常反应补偿范围、标准、程序由国务院规定，省、自治区、直辖市制定具体实施办法。

第七章　疫苗上市后管理

第五十七条　疫苗上市许可持有人应当建立健全疫苗全生命周期质量管理体系，制定并实施疫苗上市后风险管理计划，开展疫苗上市后研究，对疫苗的安全性、有效性和质量可控性进行进一步确证。

对批准疫苗注册申请时提出进一步研究要求的疫苗，疫苗上市许可持有人应当在规定期限内完成研究；逾期未完成研究或者不能证明其获益大于风险的，国务院药品监督管理部门应当依法处理，直至注销该疫苗的药品注册证书。

第五十八条　疫苗上市许可持有人应当对疫苗进行质量跟踪分析，持续提升质量控制标准，改进生产工艺，提高生产工艺稳定性。

生产工艺、生产场地、关键设备等发生变更的，应当进行评估、验证，按照国务院药品监督管理部门有关变更管理的规定备案或者报告；变更可能影响疫苗安全性、有效性和质量可控性的，应当经国务院药品监督管理部门批准。

第五十九条　疫苗上市许可持有人应当根据疫苗上市后研究、预防接种异常反应等情况持续更新说明书、标签，并按照规定申请核准或者备案。

国务院药品监督管理部门应当在其网站上及时公布更新后的疫苗说明书、标签内容。

第六十条　疫苗上市许可持有人应当建立疫苗质量回顾分析和风险报告制度，每年将疫苗生产流通、上市后研究、风险管理等情况按照规定如实向国务院药品监督管理部门报告。

第六十一条　国务院药品监督管理部门可以根据实际情况，责令疫苗上市许可持有人开展上市后评价或者直接组织开展上市后评价。

对预防接种异常反应严重或者其他原因危害人体健康的疫苗，国务院药品监督管理部门应当注销该疫苗的药品注册证书。

第六十二条　国务院药品监督管理部门可以根据疾病预防、控制需要和疫苗行业发展情况，组织对疫苗品种开展上市后评价，发现该疫苗品种的产品设计、生产工艺、安全性、有效性或者质量可控性明显劣于预防、控制同种疾病的其他疫苗品种的，应当注销该品种所有疫苗的药品注册证书并废止相应的国家药品标准。

第八章　保障措施

第六十三条　县级以上人民政府应当将疫苗安全工作、购买免疫规划疫苗和预防接种工作以及信息化建设等所需经费纳入本级政府预算，保证免疫规划制度的实施。

县级人民政府按照国家有关规定对从事预防接种工作的乡村医生和其他基层医疗卫生人员给予补助。

国家根据需要对经济欠发达地区的预防接种工作给予支持。省、自治区、直辖市人民政府和设区的市级人民政府应当对经济欠发达地区的县级人民政府开展与预防接种相关的工作给予必要的经费补助。

第六十四条　省、自治区、直辖市人民政府根据本行政区域传染病流行趋势，在国务院卫生健康主管部门确定的传染病预防、控制项目范围内，确定本行政区域与预防接种相关的项目，并保证项目的实施。

第六十五条　国务院卫生健康主管部门根据各省、自治区、直辖市国家免疫规划疫苗使用计划，向疫苗上市许可持有人提供国家免疫规划疫苗需求信息，疫苗上市许可持有人根据疫苗需求信息合理安排生产。

疫苗存在供应短缺风险时，国务院卫生健康主管部门、国务院药品监督管理部门提出建议，国务院工业和信息化主管部门、国务院财政部门应当采取有效措施，保障疫苗生产、供应。

疫苗上市许可持有人应当依法组织生产，保障疫苗供应；疫苗上市许可持有人停止疫苗生产的，应当及时向国务院药品监督管理部门或者省、自治区、直辖市人民政府药品监督管理部门报告。

第六十六条 国家将疫苗纳入战略物资储备，实行中央和省级两级储备。

国务院工业和信息化主管部门、财政部门会同国务院卫生健康主管部门、公安部门、市场监督管理部门和药品监督管理部门，根据疾病预防、控制和公共卫生应急准备的需要，加强储备疫苗的产能、产品管理，建立动态调整机制。

第六十七条 各级财政安排用于预防接种的经费应当专款专用，任何单位和个人不得挪用、挤占。

有关单位和个人使用预防接种的经费应当依法接受审计机关的审计监督。

第六十八条 国家实行疫苗责任强制保险制度。

疫苗上市许可持有人应当按照规定投保疫苗责任强制保险。因疫苗质量问题造成受种者损害的，保险公司在承保的责任限额内予以赔付。

疫苗责任强制保险制度的具体实施办法，由国务院药品监督管理部门会同国务院卫生健康主管部门、保险监督管理机构等制定。

第六十九条 传染病暴发、流行时，相关疫苗上市许可持有人应当及时生产和供应预防、控制传染病的疫苗。交通运输单位应当优先运输预防、控制传染病的疫苗。县级以上人民政府及其有关部门应当做好组织、协调、保障工作。

第九章 监督管理

第七十条 药品监督管理部门、卫生健康主管部门按照各自职责对疫苗研制、生产、流通和预防接种全过程进行监督管理，监督疫苗上市许可持有人、疾病预防控制机构、接种单位等依法履行义务。

药品监督管理部门依法对疫苗研制、生产、储存、运输以及预防接种中的疫苗质量进行监督检查。卫生健康主管部门依法对免疫规划制度的实施、预防接种活动进行监督检查。

药品监督管理部门应当加强对疫苗上市许可持有人的现场检查；必要时，可以对为疫苗研制、生产、流通等活动提供产品或者服务的单位和个人进行延伸检查；有关单位和个人应当予以配合，不得拒绝和隐瞒。

第七十一条 国家建设中央和省级两级职业化、专业化药品检查员队伍，加强对疫苗的监督检查。

省、自治区、直辖市人民政府药品监督管理部门选派检查员入驻疫苗上市许可持有人。检查员负责监督检查药品生产质量管理规范执行情况，收集疫苗质量风险和违法违规线索，向省、自治区、直辖市人民政府药品监督管理部门报告情况并提出建议，对派驻期间的行为负责。

第七十二条　疫苗质量管理存在安全隐患，疫苗上市许可持有人等未及时采取措施消除的，药品监督管理部门可以采取责任约谈、限期整改等措施。

严重违反药品相关质量管理规范的，药品监督管理部门应当责令暂停疫苗生产、销售、配送，立即整改；整改完成后，经药品监督管理部门检查符合要求的，方可恢复生产、销售、配送。

药品监督管理部门应当建立疫苗上市许可持有人及其相关人员信用记录制度，纳入全国信用信息共享平台，按照规定公示其严重失信信息，实施联合惩戒。

第七十三条　疫苗存在或者疑似存在质量问题的，疫苗上市许可持有人、疾病预防控制机构、接种单位应当立即停止销售、配送、使用，必要时立即停止生产，按照规定向县级以上人民政府药品监督管理部门、卫生健康主管部门报告。卫生健康主管部门应当立即组织疾病预防控制机构和接种单位采取必要的应急处置措施，同时向上级人民政府卫生健康主管部门报告。药品监督管理部门应当依法采取查封、扣押等措施。对已经销售的疫苗，疫苗上市许可持有人应当及时通知相关疾病预防控制机构、疫苗配送单位、接种单位，按照规定召回，如实记录召回和通知情况，疾病预防控制机构、疫苗配送单位、接种单位应当予以配合。

未依照前款规定停止生产、销售、配送、使用或者召回疫苗的，县级以上人民政府药品监督管理部门、卫生健康主管部门应当按照各自职责责令停止生产、销售、配送、使用或者召回疫苗。

疫苗上市许可持有人、疾病预防控制机构、接种单位发现存在或者疑似存在质量问题的疫苗，不得瞒报、谎报、缓报、漏报，不得隐匿、伪造、毁灭有关证据。

第七十四条 疫苗上市许可持有人应当建立信息公开制度，按照规定在其网站上及时公开疫苗产品信息、说明书和标签、药品相关质量管理规范执行情况、批签发情况、召回情况、接受检查和处罚情况以及投保疫苗责任强制保险情况等信息。

第七十五条 国务院药品监督管理部门会同国务院卫生健康主管部门等建立疫苗质量、预防接种等信息共享机制。

省级以上人民政府药品监督管理部门、卫生健康主管部门等应当按照科学、客观、及时、公开的原则，组织疫苗上市许可持有人、疾病预防控制机构、接种单位、新闻媒体、科研单位等，就疫苗质量和预防接种等信息进行交流沟通。

第七十六条 国家实行疫苗安全信息统一公布制度。

疫苗安全风险警示信息、重大疫苗安全事故及其调查处理信息和国务院确定需要统一公布的其他疫苗安全信息，由国务院药品监督管理部门会同有关部门公布。全国预防接种异常反应报告情况，由国务院卫生健康主管部门会同国务院药品监督管理部门统一公布。未经授权不得发布上述信息。公布重大疫苗安全信息，应当及时、准确、全面，并按照规定进行科学评估，作出必要的解释说明。

县级以上人民政府药品监督管理部门发现可能误导公众和社会舆论的疫苗安全信息，应当立即会同卫生健康主管部门及其他有关部门、专业机构、相关疫苗上市许可持有人等进行核实、分析，并及时公布结果。

任何单位和个人不得编造、散布虚假疫苗安全信息。

第七十七条　任何单位和个人有权依法了解疫苗信息，对疫苗监督管理工作提出意见、建议。

任何单位和个人有权向卫生健康主管部门、药品监督管理部门等部门举报疫苗违法行为，对卫生健康主管部门、药品监督管理部门等部门及其工作人员未依法履行监督管理职责的情况有权向本级或者上级人民政府及其有关部门、监察机关举报。有关部门、机关应当及时核实、处理；对查证属实的举报，按照规定给予举报人奖励；举报人举报所在单位严重违法行为，查证属实的，给予重奖。

第七十八条 县级以上人民政府应当制定疫苗安全事件应急预案，对疫苗安全事件分级、处置组织指挥体系与职责、预防预警机制、处置程序、应急保障措施等作出规定。

疫苗上市许可持有人应当制定疫苗安全事件处置方案，定期检查各项防范措施的落实情况，及时消除安全隐患。

发生疫苗安全事件，疫苗上市许可持有人应当立即向国务院药品监督管理部门或者省、自治区、直辖市人民政府药品监督管理部门报告；疾病预防控制机构、接种单位、医疗机构应当立即向县级以上人民政府卫生健康主管部门、药品监督管理部门报告。药品监督管理部门应当会同卫生健康主管部门按照应急预案的规定，成立疫苗安全事件处置指挥机构，开展医疗救治、风险控制、调查处理、信息发布、解释说明等工作，做好补种等善后处置工作。因质量问题造成的疫苗安全事件的补种费用由疫苗上市许可持有人承担。

有关单位和个人不得瞒报、谎报、缓报、漏报疫苗安全事件，不得隐匿、伪造、毁灭有关证据。

第十章　法律责任

第七十九条 违反本法规定，构成犯罪的，依法从重追究刑事责任。

第八十条　生产、销售的疫苗属于假药的，由省级以上人民政府药品监督管理部门没收违法所得和违法生产、销售的疫苗以及专门用于违法生产疫苗的原料、辅料、包装材料、设备等物品，责令停产停业整顿，吊销药品注册证书，直至吊销药品生产许可证等，并处违法生产、销售疫苗货值金额十五倍以上五十倍以下的罚款，货值金额不足五十万元的，按五十万元计算。

生产、销售的疫苗属于劣药的，由省级以上人民政府药品监督管理部门没收违法所得和违法生产、销售的疫苗以及专门用于违法生产疫苗的原料、辅料、包装材料、设备等物品，责令停产停业整顿，并处违法生产、销售疫苗货值金额十倍以上三十倍以下的罚款，货值金额不足五十万元的，按五十万元计算；情节严重的，吊销药品注册证书，直至吊销药品生产许可证等。

生产、销售的疫苗属于假药，或者生产、销售的疫苗属于劣药且情节严重的，由省级以上人民政府药品监督管理部门对法定代表人、主要负责人、直接负责的主管人员和关键岗位人员以及其他责任人员，没收违法行为发生期间自本单位所获收入，并处所获收入一倍以上十倍以下的罚款，终身禁止从事药品生产经营活动，由公安机关处五日以上十五日以下拘留。

第八十一条　有下列情形之一的，由省级以上人民政府药品监督管理部门没收违法所得和违法生产、销售的疫苗以及专门用于违法生产疫苗的原料、辅料、包装材料、设备等物品，责令停产停业整顿，并处违法生产、销售疫苗货值金额十五倍以上五十倍以下的罚款，货值金额不足五十万元的，按五十万元计算；情节严重的，吊销药品相关批准证明文件，直至吊销药品生产许可证等，对法定代表人、主要负责人、直接负责的主管人员和关键岗位人员以及其他责任人员，没收违法行为发生期间自本单位所获收入，并处所获收入百分之五十以上十倍以下的罚款，十年内直至终身禁止从事药品生产经营活动，由公安机关处五日以上十五日以下拘留：

（一）申请疫苗临床试验、注册、批签发提供虚假数据、资料、样品或者有其他欺骗行为；

（二）编造生产、检验记录或者更改产品批号；

（三）疾病预防控制机构以外的单位或者个人向接种单位供应疫苗；

（四）委托生产疫苗未经批准；

（五）生产工艺、生产场地、关键设备等发生变更按照规定应当经批准而未经批准；

（六）更新疫苗说明书、标签按照规定应当经核准而未经核准。

第八十二条 除本法另有规定的情形外，疫苗上市许可持有人或者其他单位违反药品相关质量管理规范的，由县级以上人民政府药品监督管理部门责令改正，给予警告；拒不改正的，处二十万元以上五十万元以下的罚款；情节严重的，处五十万元以上三百万元以下的罚款，责令停产停业整顿，直至吊销药品相关批准证明文件、药品生产许可证等，对法定代表人、主要负责人、直接负责的主管人员和关键岗位人员以及其他责任人员，没收违法行为发生期间自本单位所获收入，并处所获收入百分之五十以上五倍以下的罚款，十年内直至终身禁止从事药品生产经营活动。

第八十三条　违反本法规定，疫苗上市许可持有人有下列情形之一的，由省级以上人民政府药品监督管理部门责令改正，给予警告；拒不改正的，处二十万元以上五十万元以下的罚款；情节严重的，责令停产停业整顿，并处五十万元以上二百万元以下的罚款：

（一）未按照规定建立疫苗电子追溯系统；

（二）法定代表人、主要负责人和生产管理负责人、质量管理负责人、质量受权人等关键岗位人员不符合规定条件或者未按照规定对其进行培训、考核；

（三）未按照规定报告或者备案；

（四）未按照规定开展上市后研究，或者未按照规定设立机构、配备人员主动收集、跟踪分析疑似预防接种异常反应；

（五）未按照规定投保疫苗责任强制保险；

（六）未按照规定建立信息公开制度。

第八十四条　违反本法规定，批签发机构有下列情形之一的，由国务院药品监督管理部门责令改正，给予警告，对主要负责人、直接负责的主管人员和其他直接责任人员依法给予警告直至降级处分：

（一）未按照规定进行审核和检验；

（二）未及时公布上市疫苗批签发结果；

（三）未按照规定进行核实；

（四）发现疫苗存在重大质量风险未按照规定报告。

违反本法规定，批签发机构未按照规定发给批签发证明或者不予批签发通知书的，由国务院药品监督管理部门责令改正，给予警告，对主要负责人、直接负责的主管人员和其他直接责任人员依法给予降级或者撤职处分；情节严重的，对主要负责人、直接负责的主管人员和其他直接责任人员依法给予开除处分。

第八十五条 疾病预防控制机构、接种单位、疫苗上市许可持有人、疫苗配送单位违反疫苗储存、运输管理规范有关冷链储存、运输要求的，由县级以上人民政府药品监督管理部门责令改正，给予警告，对违法储存、运输的疫苗予以销毁，没收违法所得；拒不改正的，对接种单位、疫苗上市许可持有人、疫苗配送单位处二十万元以上一百万元以下的罚款；情节严重的，对接种单位、疫苗上市许可持有人、疫苗配送单位处违法储存、运输疫苗货值金额十倍以上三十倍以下的罚款，货值金额不足十万元的，按十万元计算，责令疫苗上市许可持有人、疫苗配送单位停产停业整顿，直至吊销药品相关批准证明文件、药品生产许可证等，对疫苗上市许可持有人、疫苗配送单位的法定代表人、主要负责人、直接负责的主管人员和关键岗位人员以及其他责任人员依照本法第八十二条规定给予处罚。

疾病预防控制机构、接种单位有前款规定违法行为的，由县级以上人民政府卫生健康主管部门对主要负责人、直接负责的主管人员和其他直接责任人员依法给予警告直至撤职处分，责令负有责任的医疗卫生人员暂停一年以上十八个月以下执业活动；造成严重后果的，对主要负责人、直接负责的主管人员和其他直接责任人员依法给予开除处分，并可以吊销接种单位的接种资格，由原发证部门吊销负有责任的医疗卫生人员的执业证书。

第八十六条 疾病预防控制机构、接种单位、疫苗上市许可持有人、疫苗配送单位有本法第八十五条规定以外的违反疫苗储存、运输管理规范行为的，由县级以上人民政府药品监督管理部门责令改正，给予警告，没收违法所得；拒不改正的，对接种单位、疫苗上市许可持有人、疫苗配送单位处十万元以上三十万元以下的罚款；情节严重的，对接种单位、疫苗上市许可持有人、疫苗配送单位处违法储存、运输疫苗货值金额三倍以上十倍以下的罚款，货值金额不足十万元的，按十万元计算。

疾病预防控制机构、接种单位有前款规定违法行为的，县级以上人民政府卫生健康主管部门可以对主要负责人、直接负责的主管人员和其他直接责任人员依法给予警告直至撤职处分，责令负有责任的医疗卫生人员暂停六个月以上一年以下执业活动；造成严重后果的，对主要负责人、直接负责的主管人员和其他直接责任人员依法给予开除处分，由原发证部门吊销负有责任的医疗卫生人员的执业证书。

第八十七条 违反本法规定，疾病预防控制机构、接种单位有下列情形之一的，由县级以上人民政府卫生健康主管部门责令改正，给予警告，没收违法所得；情节严重的，对主要负责人、直接负责的主管人员和其他直接责任人员依法给予警告直至撤职处分，责令负有责任的医疗卫生人员暂停一年以上十八个月以下执业活动；造成严重后果的，对主要负责人、直接负责的主管人员和其他直接责任人员依法给予开除处分，由原发证部门吊销负有责任的医疗卫生人员的执业证书：

（一）未按照规定供应、接收、采购疫苗；

（二）接种疫苗未遵守预防接种工作规范、免疫程序、疫苗使用指导原则、接种方案；

（三）擅自进行群体性预防接种。

第八十八条 违反本法规定，疾病预防控制机构、接种单位有下列情形之一的，由县级以上人民政府卫生健康主管部门责令改正，给予警告；情节严重的，对主要负责人、直接负责的主管人员和其他直接责任人员依法给予警告直至撤职处分，责令负有责任的医疗卫生人员暂停六个月以上一年以下执业活动；造成严重后果的，对主要负责人、直接负责的主管人员和其他直接责任人员依法给予开除处分，由原发证部门吊销负有责任的医疗卫生人员的执业证书：

（一）未按照规定提供追溯信息；

（二）接收或者购进疫苗时未按照规定索取并保存相关证明文件、温度监测记录；

（三）未按照规定建立并保存疫苗接收、购进、储存、配送、供应、接种、处置记录；

（四）未按照规定告知、询问受种者或者其监护人有关情况。

第八十九条 疾病预防控制机构、接种单位、医疗机构未按照规定报告疑似预防接种异常反应、疫苗安全事件等，或者未按照规定对疑似预防接种异常反应组织调查、诊断等的，由县级以上人民政府卫生健康主管部门责令改正，给予警告；情节严重的，对接种单位、医疗机构处五万元以上五十万元以下的罚款，对疾病预防控制机构、接种单位、医疗机构的主要负责人、直接负责的主管人员和其他直接责任人员依法给予警告直至撤职处分；造成严重后果的，对主要负责人、直接负责的主管人员和其他直接责任人员依法给予开除处分，由原发证部门吊销负有责任的医疗卫生人员的执业证书。

第九十条 疾病预防控制机构、接种单位违反本法规定收取费用的，由县级以上人民政府卫生健康主管部门监督其将违法收取的费用退还给原缴费的单位或者个人，并由县级以上人民政府市场监督管理部门依法给予处罚。

第九十一条 违反本法规定，未经县级以上地方人民政府卫生健康主管部门指定擅自从事免疫规划疫苗接种工作、从事非免疫规划疫苗接种工作不符合条件或者未备案的，由县级以上人民政府卫生健康主管部门责令改正，给予警告，没收违法所得和违法持有的疫苗，责令停业整顿，并处十万元以上一百万元以下的罚款，对主要负责人、直接负责的主管人员和其他直接责任人员依法给予处分。

违反本法规定，疾病预防控制机构、接种单位以外的单位或者个人擅自进行群体性预防接种的，由县级以上人民政府卫生健康主管部门责令改正，没收违法所得和违法持有的疫苗，并处违法持有的疫苗货值金额十倍以上三十倍以下的罚款，货值金额不足五万元的，按五万元计算。

第九十二条 监护人未依法保证适龄儿童按时接种免疫规划疫苗的，由县级人民政府卫生健康主管部门批评教育，责令改正。

托幼机构、学校在儿童入托、入学时未按照规定查验预防接种证，或者发现未按照规定接种的儿童后未向接种单位报告的，由县级以上地方人民政府教育行政部门责令改正，给予警告，对主要负责人、直接负责的主管人员和其他直接责任人员依法给予处分。

第九十三条 编造、散布虚假疫苗安全信息，或者在接种单位寻衅滋事，构成违反治安管理行为的，由公安机关依法给予治安管理处罚。

报纸、期刊、广播、电视、互联网站等传播媒介编造、散布虚假疫苗安全信息的，由有关部门依法给予处罚，对主要负责人、直接负责的主管人员和其他直接责任人员依法给予处分。

第九十四条 县级以上地方人民政府在疫苗监督管理工作中有下列情形之一的，对直接负责的主管人员和其他直接责任人员依法给予降级或者撤职处分；情节严重的，依法给予开除处分；造成严重后果的，其主要负责人应当引咎辞职：

（一）履行职责不力，造成严重不良影响或者重大损失；

（二）瞒报、谎报、缓报、漏报疫苗安全事件；

（三）干扰、阻碍对疫苗违法行为或者疫苗安全事件的调查；

（四）本行政区域发生特别重大疫苗安全事故，或者连续发生重大疫苗安全事故。

第九十五条 药品监督管理部门、卫生健康主管部门等部门在疫苗监督管理工作中有下列情形之一的，对直接负责的主管人员和其他直接责任人员依法给予降级或者撤职处分；情节严重的，依法给予开除处分；造成严重后果的，其主要负责人应当引咎辞职：

（一）未履行监督检查职责，或者发现违法行为不及时查处；

（二）擅自进行群体性预防接种；

（三）瞒报、谎报、缓报、漏报疫苗安全事件；

（四）干扰、阻碍对疫苗违法行为或者疫苗安全事件的调查；

（五）泄露举报人的信息；

（六）接到疑似预防接种异常反应相关报告，未按照规定组织调查、处理；

（七）其他未履行疫苗监督管理职责的行为，造成严重不良影响或者重大损失。

第九十六条　因疫苗质量问题造成受种者损害的，疫苗上市许可持有人应当依法承担赔偿责任。

疾病预防控制机构、接种单位因违反预防接种工作规范、免疫程序、疫苗使用指导原则、接种方案，造成受种者损害的，应当依法承担赔偿责任。

第十一章　附　　则

第九十七条　本法下列用语的含义是：

免疫规划疫苗，是指居民应当按照政府的规定接种的疫苗，包括国家免疫规划确定的疫苗，省、自治区、直辖市人民政府在执行国家免疫规划时增加的疫苗，以及县级以上人民政府或者其卫生健康主管部门组织的应急接种或者群体性预防接种所使用的疫苗。

非免疫规划疫苗，是指由居民自愿接种的其他疫苗。

疫苗上市许可持有人，是指依法取得疫苗药品注册证书和药品生产许可证的企业。

第九十八条　国家鼓励疫苗生产企业按照国际采购要求生产、出口疫苗。

出口的疫苗应当符合进口国（地区）的标准或者合同要求。

第九十九条　出入境预防接种及所需疫苗的采购，由国境卫生检疫机关商国务院财政部门另行规定。

第一百条　本法自 2019 年 12 月 1 日起施行。

关于《中华人民共和国疫苗管理法（草案）》的说明

——2018 年 12 月 23 日在第十三届全国人民代表大会常务委员会第七次会议上

国家药品监督管理局局长　焦　红

委员长、各位副委员长、秘书长、各位委员：

我受国务院委托，现对《中华人民共和国疫苗管理法（草案）》作说明。

疫苗关系人民群众生命健康，关系公共卫生安全和国家安全，是国家战略性、公益性产品。党中央、国务院高度重视人民群众用药安全，要求用最严谨的标准、最严格的监管、最严厉的处罚、最严肃的问责加强疫苗监管。吉林长春长生公司问题疫苗案件发生后，习近平总书记要求立即调查事实真相，一查到底，严肃问责，依法从严处理，要深刻汲取教训，举一反三，重典治乱，去疴除弊，加快完善疫苗药品监管长效机制，坚决守住公共安全底线，坚决维护最广大人民身体健康。李克强总理要求对不法分子坚决依法严惩，对监管失职渎职坚决严厉问责，抓紧完善相关法律法规，健全最严格的药品监管体系，切实保障人民群众用药安全。为了规范疫苗研制、生产、流通、预防接种，保障和促进公众健康，维护公共安全，按照党中央、国务院部署要求，市场监管总局会同有关部门起草了《中华人民共和国疫苗管理法（草案送审稿）》（以下简称送审稿），于2018年11月报送国务院。收到送审稿后，司法部立即征求了有关部门、省级人民政府、部分协会和企业的意见，赴疫苗生产企业进行调研，召开座谈会听取疫苗生产企业、疾病预防控制机构、接种单位、地方监管部门和专家的意见，在此基础上，会同市场监管总局、药监局、卫生健康委等部门对送审稿作了研究、协调、修改，形成了《中华人民共和国疫苗管理法（草案）》（以下简称《草案》）。《草案》已经国务院第34次常务会议讨论通过。现说明如下：

一、总体思路

《草案》在总体思路上，主要把握了以下几点：一是贯彻“四个最严”要求，对疫苗实行最严格的管理制度，坚决守住质量安全底线，坚决维护最广大人民群众身体健康。二是落实疫苗管理体制改革举措，将党中央、国务院的决策转化为法律制度。三是总结药品管理法、疫苗流通和预防接种管理条例的实施经验，汲取问题疫苗案件教训，举一反三，堵塞漏洞，系统规定疫苗研制、生产、流通、预防接种管理制度，强化全过程、全链条监管。四是处理好与药品管理法的关系，针对疫苗特点规定具体管理制度，不简单重复药品管理的一般性规定。

二、《草案》主要内容

（一）坚持疫苗的战略性、公益性。一是将疫苗安全和预防接种工作纳入国民经济和社会发展规划，将有关工作经费纳入政府预算，对贫困地区的预防接种工作给予支持。（第九条、第五十四条）二是支持疫苗基础研究和应用研究，促进疫苗的研制和创新。（第五条）三是制定疫苗行业发展规划和产业政策，支持产业发展和结构优化，鼓励疫苗生产规模化、集约化，提升疫苗生产工艺和质量水平。（第五条）四是将预防重大疾病疫苗的研制、生产纳入国家战略，将疫苗纳入国家战略物资储备；出现供应短缺风险时，采取有效措施，保障疫苗生产供应。（第五条、第五十六条、第五十七条）五是实行免疫规划制度，保障居民接种免疫规划疫苗的权利。（第四条、第四十二条）

（二）加强疫苗研制、上市许可和上市后研究。一是明确疫苗上市许可持有人依法对疫苗研制、生产、流通、预防接种过程中疫苗的安全、有效和质量可控负责。（第六条）二是规定申请疫苗上市许可应当提供真实、充分、可靠的研究数据、资料和样品，具备疫苗生产能力。（第十三条）三是规范疫苗临床试验。开展疫苗临床试验应当经伦理委员会审查同意，由国务院药品监管部门审核批准；审慎选择受试者，合理设置受试者群体和年龄组，并取得书面知情同意；根据风险程度制定详细的受试者保护措施。（第十五条、第十六条）四是要求疫苗上市许可持有人制定并实施疫苗上市后风险管理计划，主动开展上市后研究，对疫苗的安全性、有效性进行进一步确证；持续改进生产工艺和质量控制标准，提高工艺稳定性；对可能影响疫苗安全性、有效性、质量可控性的变更进行充分验证，并按照规定报请批准、备案或者报告。（第二十八条至第三十条）五是规定对产品设计、生产工艺、安全性或者有效性明显劣于预防同种疾病的其他类疫苗的品种，予以淘汰。（第三十一条）

（三）严格疫苗生产和批签发管理。一是对疫苗生产实行严于一般药品生产的准入制度。从事疫苗生产除符合一般药品的生产条件外，还应当具备本法专门规定的条件。（第十九条）二是要求疫苗上市许可持有人的法定代表人、主要负责人具有良好的信用记录，生产管理负责人等关键岗位人员具有相关专业背景和从业经历。（第二十一条）三是要求生产全过程持续合法合规，采用信息化手段记录生产、检验数据，确保相关资料和数据真实、完整和可追溯。（第二十二条）四是实行疫苗批签发制度，上市销售前逐批进行审核、检验。

（第二十三条至第二十五条）五是实行疫苗责任强制保险制度。（第二十七条）

（四）规范疫苗流通和预防接种。一是明确疫苗采购方式。国家免疫规划疫苗由国务院卫生行政等部门组织集中招标或者统一谈判形成中标或者成交价格，各省（区、市）统一采购；其他疫苗由各省（区、市）通过公共资源交易平台组织采购。（第三十二条）二是规范疫苗配送。疫苗上市许可持有人将疫苗配送至疾病预防控制机构，由疾病预防控制机构配送至接种单位；疫苗储存、运输全过程应当处于规定的温度环境，并定时监测、记录温度，不符合温度控制要求的不得接收或者购进。（第三十五条、第三十六条、第三十八条）三是规范预防接种。明确接种单位的条件，规范接种的实施，并要求完整、准确记录接种信息，确保可追溯。（第四十三条、第四十四条）四是加强预防接种异常反应监测和调查处理，对受种者给予补偿。（第五十条至第五十三条）

（五）强化疫苗监管。一是明确县级以上地方人民政府对本行政区域的疫苗监管工作负责，统一领导、组织、协调疫苗监管工作和疫苗安全事件应对工作；药品监管部门、卫生行政部门依据职责对疫苗研制、生产、流通、预防接种全过程进行监管。（第九条、第五十九条）二是建设国家和省级两级职业化、专业化药品检查员队伍，加强对疫苗的监督检查。（第六十条）三是要求药品监管部门加强现场检查，向疫苗上市许可持有人派驻检查员。（第五十九条）四是实行疫苗全程信息化追溯制度，实现疫苗最小包装单位的生产、储存、运输、使用全过程可追溯。（第十条）五是加强信息发布管理。疫苗安全风险警示等信息由有关部门统一公布；准确、及时公布重大疫苗质量安全信息，并进行解释说明。（第六十六条）六是对举报疫苗违法行为的人员给予奖励，举报所在企业或者单位严重违法犯罪行为的，给予重奖。（第六十七条）

（六）建立严格的法律责任制度。一是在药品管理法规定的基础上，进一步加大对严重违法行为的处罚力度。对生产、销售假劣疫苗等违法行为，提高罚款金额的下限。（第七十条、第七十一条）二是落实“处罚到人”要求。生产、销售假劣疫苗以及违反质量管理规范、情节恶劣的，对企业的法定代表人、主要负责人、直接负责的主管人员和关键岗位人员等，没收违法行为发生期间其自本单位所获收入并处罚款，十年直至终身不得从事药品生产经营活动。（第七十条、第七十一条、第七十三条）三是加大民事赔偿力度。明知疫苗存在质量问题仍然销售，造成严重损害的，受害者可以要求惩罚性赔偿。（第八十三条）四是坚持有权必有责，细化处分规定，严肃追究失职的地方人民政府负责人及监管人员的责任。（第八十一条、第八十二条）

《中华人民共和国疫苗管理法（草案）》和以上说明是否妥当，请予审议。

全国人民代表大会宪法和法律委员会关于《中华人民共和国疫苗管理法（草案）》修改情况的汇报

全国人民代表大会常务委员会：

常委会第七次会议对疫苗管理法（草案）进行了初次审议。会后，法制工作委员会将草案印发各省（区、市）、立法联系点和中央有关单位等征求意见，在中国人大网公布草案全文，征求社会公众意见；到天津、重庆、河北等地调研，听取疫苗生产企业、配送企业、疾控机构、接种单位等的意见；宪法和法律委员会、教育科学文化卫生委员会和法制工作委员会联合召开座谈会，听取部分全国人大代表和有关部门、专家、企业、机构、行业协会等的意见；并就草案中的主要问题与有关部门交换意见，共同研究。宪法和法律委员会于3月28日召开会议，根据常委会组成人员的审议意见和各方面意见，对草案进行了逐条审议。教育科学文化卫生委员会、司法部、国家市场监督管理总局、国家卫生健康委员会、国家药品监督管理局的有关负责同志列席了会议。4月12日，宪法和法律委员会召开会议，再次进行审议。现将疫苗管理法（草案）主要问题的修改情况汇报如下：

一、有些常委会组成人员提出，草案在突出全过程、全链条监管的同时，对疫苗研制和创新的激励和支持不够，应当进一步充实。宪法和法律委员会经研究，建议增加规定：一是国家根据疾病流行情况、人群免疫状况等因素，制定相关研制规划，安排必要的资金，支持多联多价等新型疫苗研制。二是国家组织疫苗上市许可持有人、科研单位、医疗卫生机构联合攻关，研制疾病预防、控制急需的疫苗。三是国家鼓励疫苗上市许可持有人加大研制和创新资金投入，优化生产工艺，提升质量控制水平，推动疫苗技术进步。四是对疾病预防、控制急需的疫苗和创新疫苗，国务院药品监督管理部门应当予以优先审评审批。

二、国家药品监督管理局提出，为了保障防控传染病等急需疫苗供应，建议增加对急需疫苗可以免予批签发的规定。有些常委委员、代表提出，应当对进口疫苗的批签发增加专门规定，并增加疫苗上市许可持有人保障疫苗供应的规定。宪法和法律委员会经研究，建议增加规定：一是预防、控制传染病疫情或者应对突发事件急需的疫苗，经国务院药品监督管理部门批准，免予批签发。二是进口疫苗申请批签发，除应当按照规定向批签发机构提供药品注册证书、批生产及检验记录摘要、同批号产品等资料和样品外，还应当提供疫苗上市许可持有人的原产地证明以及监督管理部门出具的批签发证明；在原产地免予批签发的，应当提供免予批签发证明。三是疫苗上市许可持有人应当依法组织生产，保障疫苗供应。

三、有的部门、地方和社会公众提出，针对一些地方在预防接种环节发生的疫苗过期、掉包等事件，应当进一步加强预防接种管理，规范预防接种行为。宪法和法律委员会经研究，建议增加规定：一是接种单位应当加强内部管理，开展预防接种工作应当遵守预防接种工作规范、免疫程序、疫苗使用指导原则和接种方案。二是各级疾病预防控制机构应当加强对接种单位预防接种工作的技术指导和疫苗使用的管理。三是明确“三查七对”要求，规定医疗卫生人员在实施接种前，应当按照预防接种工作规范的要求，严格核对有关信息，确认无误后方可接种。四是医疗卫生人员应当完整、准确记录接种疫苗的最小包装单位的识别信息、有效期等，确保接种信息可追溯、可查询。

四、有的常委会组成人员、部门、地方和社会公众提出，预防接种异常反应认定标准过于严格、补偿范围过于狭窄，应当将不能排除是异常反应的也纳入补偿范围，并统一补偿标准。宪法和法律委员会经研究，建议作以下修改：一是增加规定，国家实行预防接种异常反应补偿制度。二是明确实施接种过程中或者实施接种后出现受种者死亡、严重残疾、器官组织损伤等损害，属于预防接种异常反应或者不能排除的，应当给予补偿。三是明确预防接种异常反应具体补偿办法由国务院和省、自治区、直辖市人民政府规定。

五、有些常委委员、地方和社会公众提出，应当进一步体现“四个最严”要求，补充完善法律责任，加大对违法行为的惩处力度，提高违法成本。宪法和法律委员会经研究，建议作以下修改：一是对生产、销售假劣疫苗、申请疫苗注册提供虚假数据以及违反药品相关质量管理规范等违法行为，提高罚款额度。二是增加批签发机构未按照规定发给批签发证明、疾病预防控制机构和接种单位未按照规定建立并保存相关记录等违法行为的法律责任。三是完善惩罚性赔偿规定，明确明知疫苗存在质量问题仍然销售、接种，造成受种者死亡或者健康严重损害的，受种者或者其近亲属除要求赔偿损失外，还可以要求相应的惩罚性赔偿。

此外，还对草案作了一些文字修改。

草案二次审议稿已按上述意见作了修改，宪法和法律委员会建议提请本次常委会会议继续审议。

草案二次审议稿和以上汇报是否妥当，请审议。

全国人民代表大会宪法和法律委员会

2019 年 4 月 20 日

全国人民代表大会宪法和法律委员会关于《中华人民共和国疫苗管理法(草案)》审议结果的报告

全国人民代表大会常务委员会:

常委会第十次会议对疫苗管理法草案进行了二次审议。会后，法制工作委员会在中国人大网公布草案二次审议稿，征求社会公众意见，并再次书面征求了中央有关部门、单位和行业协会的意见；到河南、四川调研，听取部分全国人大代表、地方有关部门、疫苗生产企业、配送企业、疾控机构、接种单位等的意见；召开专家咨询会，听取专家意见；就草案中的主要问题与有关部门交换意见，共同研究。宪法和法律委员会于5月27日召开会议，根据常委会组成人员的审议意见和各方面意见，对草案进行了审议。教育科学文化卫生委员会、司法部、财政部、国家卫生健康委员会、国家市场监督管理总局、国家药品监督管理局的有关负责同志列席了会议。6 月 17 日，宪法和法律委员会召开会议，再次进行审议。宪法和法律委员会认为，为了加强疫苗管理，保障公众健康，维护公共卫生安全，制定本法是必要的，草案经过两次审议修改，已经比较成熟。同时，提出以下主要修改意见：

一、有的常委委员和社会公众提出，疫苗管理法与药品管理法具有密切联系，一些共性制度可由药品管理法规定，本法可不作重复规定。宪法和法律委员会经研究，建议将有关表彰奖励、惩罚性赔偿以及行政执法与刑事司法衔接等内容，调整为由药品管理法统一规定。

二、草案二次审议稿第二十三条第四款规定，疫苗上市许可持有人应当具备疫苗生产能力，不得委托生产；但是，国务院药品监督管理部门另有规定的除外。国家药品监督管理局和有的常委委员、社会公众提出，从疫苗行业发展来看，为提高疫苗生产质量和效率，应当对疫苗委托生产的条件和审批作出规定。宪法和法律委员会经研究，建议将上述规定修改为："疫苗上市许可持有人应当具备疫苗生产能力；超出疫苗生产能力需要委托生产的，应当经国务院药品监督管理部门批准，符合国家有关规定。"

三、有的常委会组成人员提出，应当进一步完善疫苗有关信息公开的规定，保障公众知情权，加强社会监督。宪法和法律委员会经研究，建议增加规定，国务院药品监督管理部门应当及时公布上市疫苗批签发结果和更新后的疫苗说明书、标签内容。

四、草案二次审议稿第四十五条第二款中规定，符合条件的医疗机构可以承担非免疫规划疫苗接种工作。国家卫生健康委员会建议对非免疫规划疫苗接种单位实行备案管理。宪法和法律委员会经研究，建议将上述规定修改为："符合条件的医疗机构可以承担非免疫规划疫苗接种工作，并应当向颁发医疗机构执业许可证的卫生健康主管部门备案"。

五、草案二次审议稿第五十六条规定了预防接种异常反应补偿制度。有的常委委员、部门、专家和社会公众建议进一步明确补偿范围、补偿标准，保障补偿费用。宪法和法律委员会经研究，建议作以下修改：一是增加规定，预防接种异常反应补偿应当及时、便民、合理。二是增加规定，补偿范围实行目录管理，并根据实际情况进行动态调整。三是明确由国务院规定补偿范围、标准、程序，省、自治区、直辖市制定具体实施办法。四是明确接种免疫规划疫苗所需的补偿费用，由省、自治区、直辖市人民政府财政部门在预防接种经费中安排。

六、有的常委会组成人员提出，在传染病暴发、流行时，政府及有关部门、疫苗生产企业、运输单位等应当采取相应的应急保障措施。宪法和法律委员会经研究，建议增加一条规定：“传染病暴发、流行时，有关疫苗上市许可持有人应当及时生产、供应预防、控制传染病的疫苗。交通运输单位应当优先运输预防、控制传染病的疫苗。县级以上人民政府及其有关部门应当做好组织协调和保障工作。”

七、有些常委会组成人员和社会公众建议进一步完善法律责任，加大对疫苗违法行为的惩处力度，提高罚款额度，增加处罚种类，同时补充规定一些违法行为的法律责任。宪法和法律委员会经研究，建议作以下修改：一是明确违反本法规定，构成犯罪的，依法从重追究刑事责任。二是对生产、销售的疫苗属于假药、劣药等违法行为，加大对责任单位及责任人员的罚款处罚力度。三是对有严重违法行为的责任人员，增加规定行政拘留。四是对上市许可持有人委托生产疫苗未经批准或者未按照规定建立疫苗电子追溯系统、收集跟踪分析疑似预防接种异常反应，疾病预防控制机构、接种单位未按照规定提供追溯信息，监护人未依法保证适龄儿童按时接种免疫规划疫苗等违法行为，增加规定相应的法律责任。

6 月 12 日，法制工作委员会召开会议，邀请部分全国人大代表、全国政协委员、专家和地方有关部门、疫苗生产企业、配送企业、疾控机构、接种单位等的代表就草案中主要制度规范的可行性、出台时机、实施的社会效果和可能出现的问题等进行评估。与会人员普遍认为，制定疫苗管理法是贯彻落实党中央决策部署、回应人民群众期待、解决疫苗管理突出问题的重大举措，非常必要和及时，有利于加强疫苗管理，促进疫苗行业发展，对保障公众健康、维护公共卫生安全具有重要意义。草案经过修改，充分吸收了各方面意见，进一步增强了制度规范的针对性和可操作性，已经比较成熟，建议尽快审议通过。与会人员还对草案提出了一些具体修改意见，宪法和法律委员会进行了认真研究，对有的意见予以采纳。

此外，还对草案二次审议稿作了一些文字修改。

草案三次审议稿已按上述意见作了修改，宪法和法律委员会建议提请本次常委会会议审议通过。

草案三次审议稿和以上报告是否妥当，请审议。

全国人民代表大会宪法和法律委员会

2019 年 6 月 25 日

全国人民代表大会宪法和法律委员会关于《中华人民共和国疫苗管理法（草案三次审议稿）》修改意见的报告

全国人民代表大会常务委员会：

本次常委会会议于6月25日下午对疫苗管理法（草案三次审议稿）进行了分组审议，普遍认为，草案已经比较成熟，建议进一步修改后，提请本次会议表决通过。同时，有些常委会组成人员还提出了一些修改意见。宪法和法律委员会于6月27日上午召开会议，逐条研究了常委会组成人员的审议意见，对草案进行了审议。教育科学文化卫生委员会、司法部、国家卫生健康委员会、国家市场监督管理总局、国家药品监督管理局的有关负责同志列席了会议。宪法和法律委员会认为，草案是可行的，同时，提出以下修改意见：

一、有的常委会组成人员建议在总则中增加保证疫苗供应的内容。宪法和法律委员会经研究，建议采纳这一意见。

二、草案三次审议稿第二十二条第四款中规定，疫苗上市许可持有人需要委托生产的，应当符合国家有关规定。有的常委会组成人员建议进一步明确对接受委托的生产企业的监管要求。宪法和法律委员会经研究，建议将“符合国家有关规定”修改为“接受委托生产的，应当遵守本法规定和国家有关规定，保证疫苗质量”。

三、有的常委委员建议明确规定疫苗上市许可持有人应当如实记录生产、检验过程中形成的所有数据。宪法和法律委员会经研究，建议采纳这一意见。

四、草案三次审议稿第三十六条第三款规定，疾病预防控制机构配送非免疫规划疫苗可以收取储存、运输费用，具体办法由省、自治区、直辖市制定。有的常委委员、财政部建议具体办法由国务院有关部门制定，收费标准由省级人民政府有关部门制定。宪法和法律委员会经研究，建议修改为“具体办法由国务院财政部门会同国务院价格主管部门制定，收费标准由省、自治区、直辖市人民政府价格主管部门会同财政部门制定”。

五、有的常委会组成人员提出，受种者在实施接种后出现严重不良反应的，应当明确医疗卫生人员要立即实施救治。宪法和法律委员会经研究，建议增加规定：“受种者在现场留观期间出现不良反应的，医疗卫生人员应当按照预防接种工作规范的要求，及时采取救治等措施。”

六、有的常委委员、社会公众提出，疾病预防控制机构应当将疑似预防接种异常反应相关信息告知受种者或者其监护人，保障其知情权。宪法和法律委员会经研究，建议增加规定，疾病预防控制机构应当将调查、诊断结论告知受种者或者其监护人。

七、有些常委会组成人员建议进一步完善法律责任，加大对一些违法行为的惩处力度，强化处罚到人。宪法和法律委员会经研究，建议作以下修改：一是对未按照规定建立疫苗电子追溯系统、从事非免疫规划疫苗接种工作不符合条件等违法行为，加大处罚力度。二是对违反疫苗储存、运输管理规范有关冷链储存、运输要求的有关单位的责任人员，增加规定没收收入和予以罚款。三是对托幼机构、学校未按照规定查验预防接种证等违法行为，增加规定对有关责任人员依法给予处分。

八、有的常委委员建议明确疫苗上市许可持有人的含义。宪法和法律委员会经研究，建议增加规定：“疫苗上市许可持有人，是指依法取得疫苗药品注册证书和药品生产许可证的企业。”

九、有的常委会组成人员、国家药品监督管理局建议增加有关鼓励疫苗企业参加国际采购的内容。宪法和法律委员会经研究，建议增加规定：“国家鼓励疫苗生产企业按照国际采购要求生产、出口疫苗。”

在常委会审议中，有些常委会组成人员还就加强疫苗管理，完善有关制度提出了一些具体意见，如完善疫苗审评和批签发制度、加大资金保障力度、强化企业主体责任、细化异常反应补偿保险规定、保护知识产权、对疫苗专利实施强制许可等。有些常委会组成人员还建议有关方面抓紧制定配套规定，加强法律宣传。宪法和法律委员会经研究认为，上述意见涉及的问题，有的将通过修改药品管理法作出规定，有的在药品质量管理规范中作出细化规定，有的可适用专利法的规定，有的需要在有关配套规定中进一步明确。宪法和法律委员会建议，国务院及其有关部门在法律实施过程中，认真研究常委会组成人员的上述意见，进一步完善疫苗管理具体制度，做好法律宣传，切实保障法律的贯彻实施。

此外，根据常委会组成人员的审议意见，还对草案三次审议稿作了一些文字修改。

草案建议表决稿已按上述意见作了修改，宪法和法律委员会建议本次常委会会议通过。

草案建议表决稿和以上报告是否妥当，请审议。

全国人民代表大会宪法和法律委员会

2019 年 6 月 29 日